USEFUL EXPRESSIONS
in ITALIAN
FOR THE ENGLISH-SPEAKING TOURIST

Editors: A. Z. Stern — Joseph A. Reif, Ph.D

·K·U·P·E·R·A

© 1991 KS-JM Books

Distributed in the United Kingdom by:
Kuperard (London) Ltd.
30 Cliff Road
London NW1 9AG

ISBN 1-870668-70-7

All rights reserved. No part of this book may be reproduced or transmitted in any form or by any means, electronic or mechanical, including photocopying, recording or by any information storage and retrieval system without permission in writing from the publisher.

INTRODUCTION

This booklet is an up-to-date and practical phrase book for your trip to Italy. It includes the phrases and vocabulary you will need in most of the situations in which you will find yourself, and it contains a pronunciation guide for all the material. Some of the phrases occur in more than one section so that you do not have to turn pages back and forth. At the beginning is a basic, general vocabulary with which you should become familiar, and at the end is a list of emergency expressions for quick reference.

The pronunciation of Italian is fairly simple. With one or two exceptions the sounds are very similar to English sounds, and you will quickly achieve an easily understandable accent.

VOWELS:
- **a** as in father
- **e** as in let, sometimes more like **a** in late
- **i** as in machine
- **o** as in rope, sometimes like **aw** in saw
- **u** like **oo** in good, sometimes like **oo** in food

CONSONANTS: b, d, f, j, k, l, m, n, p, s, t, v, w, y, z as in English
- **g** as in **g**o (not as in **g**entle)
- **ch** as in **ch**urch
- **sh** as in **sh**ip
- **r** is trilled as in Scottish **r**.

Stressed syllables are printed in boldface.

CONTENTS

Basic Dictionary	1
First meeting, Greetings	11
Hotel	13
Information at hotel	16
Taxi	19
In the post office	20
In the restaurant	23
Grocery	26
Fruits and vegetables	27
Bank	29
Clothes	30
Colors	34
Laundry	34
At the hairdresser	35
Bookshop	36
Weather	37
Transport	37
Train, Bus	38
Airplane	40
Car journey	41
Signs	44
Garage	46
Repairs	48
Parts of a car	49
Physicians	50
Types of doctors	50
Illnesses	51
Parts of the body	51
Pharmacy	54
Time	55
Days of the week	57
Months	57
Seasons	57
Numbers	58
Emergency expressions	60

BASIC DICTIONARY	**VOCABOLARIO ESSENZIALE**	**VOKABOLARIO ESENTSYALE**
Thank you	Grazie	**gratsye**
Thank you very much	Tante grazie	**tante gratsye**
Please	Prego	**prego**
Excuse me	Scusi	**skuzi**
Never mind	Non fa niente	non fa **nien**te
What? What is that?	Cosa? Cos'é?	**koza**? **koze**?
Where? Where is that?	Dove? Dov'è?	**do**ve? dove?
When? How?	Quando? Come?	**kwan**do? **kome**?
Which? Why?	Che? Perchè?	ke? per**ke**?
Is that?	È?	e?
That is not	Non è	non e
Yes, no, perhaps	Sì, no, forse	si, no, **for**se
Correct, incorrect	Giusto, sbagliato	**jus**to, zbalya**to**
So so	Così così	ko**si** ko**si**
Good, bad	Buono, cattivo	**bwo**no, ka**ti**vo
No good, not bad	Non buono, non cattivo	non **bwo**no, non ka**ti**vo

There is, there is not	C'è, non c'è	che, non che
I, you	Io, tu (lei)	yo, tu (ley)
He, she	Lui, lei	lui ley
We, you	Noi, voi	noy, voy
They	Loro	loro
Mine, yours	Mio, vostro	mio, vostro
Ours, theirs	Nostro, loro	nostro, loro
At my place, at your place	Da me, da te (lei)	da ma, da te (ley)
Wet, dry	Bagnato, asciutto	banyato, ashuto
Old, new	Vecchio, nuovo	vekyo, nwovo
Pretty, ugly	Bello, non bello	belo, non belo
Much, few	Molto, poco	molto, poko
How many? How much?	Quanti? Quanto?	kwanti? kwanto?
Cheap, expensive	A buon prezzo, caro	a bwon pretso, karo
Very expensive	Molto caro	molto karo
Free (of charge)	Gratis	gratis
More, less	Più, meno	pyu, meno
Cheaper, more expensive	Più a buon prezzo, più caro	pyu a bwon pretso, pyu karo
Heavy, light	Pesante, leggero	pezante, lejero

Now, at the same time as…	Adesso, alla stessa ora	adeso, ala stesa ora di
During	Durante	durante
Early, late	Presto, tardi	**pres**to, **tar**di
On time, in time	In tempo	in **tem**po
Here, there	Qua, là	kwa, la
Inside, outside	Dentro, fuori	**den**tro, **fwo**ri
Up (stairs), down (stairs)	Su (per le scale), giù (per le scale)	su (per le **ska**le), ju (per le **ska**le)
To…	A…	a
Near, far	Vicino, lontano	vi**chi**no, lontano
In front of	Di fronte a	di **fron**te a
Behind (after)	Dietro (dopo)	**dye**tro (**do**po)
Sky	Cielo	**che**lo
Sun, moon	Sole, luna	sole, **lu**na
Stars	Stelle	**ste**le
Light, darkness	Luce, buio	**lu**che, **bu**yo
Heat, cold, warm	Calore, freddo, caldo	ka**lo**re, **fre**do, **kal**do
East, west	Est, ovest	est, **o**vest
North, south	Nord, sud	nord, sud

Rain, snow, wind	Pioggia, neve, vento	**pyo**ja, **ne**ve, **ven**to
Earth, mountain, valley	Terra, monte, valle	**te**ra, **mon**te, **va**le
River, bridge	Fiume, ponte	**fyu**me, **pon**te
Desert, sand	Deserto, sabbia	de**zer**to, **sab**ya
Sea, water, ship	Mare, acqua, nave	**ma**re, **ak**wa, **na**ve
Country, place	Campagna, luogo	kam**pan**ya, **lwo**go
City, village	Città, paese	**chi**ta, paeze
Road, street	Via, strada	**vi**a, **stra**da
House, flat	Casa, appartamento	**ka**za, apar**ta**mento
Room, door	Stanza, porta	**stan**tsa, **por**ta
Key, lock	Chiave, serratura	**kya**ve, seratura
Wall, window	Muro, finestra	**mu**ro, fi**nes**tra
Roof, steps	Tetto, gradini	**te**to, gradini
Kitchen, toilet	Cucina, gabinetto	ku**chi**na, gabi**ne**to
Bed, pillows	Letto, cuscini	**le**to, ku**shi**ni
Blanket, carpet	Coperta, tappeto	ko**per**ta, ta**pe**to
Table, chair	Tavolo, sedia	**ta**volo, **sed**ya
Man, woman	Uomo, donna	**uo**mo, **do**na
Father, mother	Padre, madre	**pad**re, **mad**re

Son, daughter	Figlio, figlia	**fil**yo, **fil**ya
Grandson, granddaughter	Nipote, nipote	ni**pot**e, ni**pot**e
Brother, sister	Fratello, sorella	fra**tel**o, so**rel**a
Uncle, aunt	Zio, zia	**dzi**o, **dzi**a
Husband, wife	Marito, moglie	ma**ri**to, **mol**ye
Boy, girl	Ragazzo, ragazza	ra**gats**o, ra**gats**a
Old man, old woman	Vecchio, vecchia	**vek**yo, **vek**ya
To want	Volere	vo**ler**e
I want, You want	(Io) voglio, (lei) vuole	(yo) **vol**yo, (ley) **vwol**e
I wanted, you wanted	(Io) volevo, (lei) voleva	(yo) vo**lev**o, (ley) vo**lev**a
I will want, you will want	(Io) vorrò, (lei) vorrà	(yo) vo**ro**, (ley) vo**ra**
I do not want	(Io) non voglio	(yo) non **vol**yo
To visit	Visitare	vizi**tar**e
I visit, you visit	(Io) visito, (lei) visita	(yo) **viz**ito (ley) **viz**ita
I visited, you visited	(Io) ho visitato, (lei) ha visita	(yo) o vizi**tat**o, (ley) a vizi**tat**o
I will visit, you will visit	(Io) visiterò, (lei) visiterà	(yo) vizite**ro** (ley) visite**ra**
To speak	Parlare	par**lar**e
I speak, you speak	(Io) parlo, (lei) parla	(yo) **par**lo, (ley) **par**la

English	Italian	Pronunciation
I spoke, you spoke	(Io) ho parlato (lei) ha parlato	(yo) o **par**lato, (ley) a par**la**to
I will speak, you will speak	(Io) parlerò, (lei) parlerà	(yo) parle**ro,** (ley) parle**ra**
I do not speak	(Io) non parlo	(yo) non **par**lo
To understand	Capire	ka**pi**re
I understand, you understand	(Io) capisco, (lei) capisce	(yo) ka**pis**ko, (ley) ka**pi**she
I understood, you understood	(Io) ho capito, (lei) ha capito	(yo) o ka**pi**to, (ley) a ka**pi**to
I do not understand	(Io) non capisco	(yo) non ka**pis**ko
To go	Andare	an**da**re
I go, you go	(Io) vado, (lei) va	(yo) **va**do, (ley) va
I went, you went	(Io) sono andato, (lei) è andato	(yo) **so**no an**da**to, (ley) e an**da**to
I will go, you will go	(Io) andrò, (lei) andrà	(yo) an**dro,** (ley) an**dra**
I do not go	(Io) non vado	(yo) non **va**do
To travel	Viaggiare	vya**ja**re
I travel, you travel	(Io) viaggio, (lei) viaggia	(yo) **vya**jo, (ley) **vya**ja
I travelled, you travelled	(Io) ho viaggiato, (lei) ha viaggiato	(yo) o vya**ja**to, (ley) a vya**ja**to
I will travel, you will travel	(Io) viaggerò, (lei) viaggerà	(yo) vyaje**ro,** (ley) vyaje**ra**
I do not travel	(Io) non viaggio	(yo) non **vya**jo

English	Italian	Pronunciation
To stand	Stare in piedi	stare in **pye**di
I stand, you stand	(Io) sto in piedi, (lei) sta in piedi	(yo) sto in **pye**di, (ley) sta in **pye**di
I stood, you stood	(Io) sono stato in piedi, (lei) è stato in piedi	(yo) **sono stato** in **pye**di, (ley) e **stato** in **pye**di
I will stand, you will stand	(Io) starò in piedi in piedi (lei) starà in piedi	(yo) sta**ro** in **pye**di, (ley) sta**ra** in **pye**di
I do not stand	(Io) non sto in piedi	(yo) non sto in **pye**di
To sleep	Dormire	dor**mi**re
I sleep, you sleep	(Io) dormo, (lei) dorme	(yo) **dormo**, (ley) **dor**me
I slept, you slept	(Io) ho dormito, (lei) ha dormito	(yo) o dor**mi**to, (ley) a dormito
I will sleep, you will sleep	(Io) dormirò, (lei) dormirà	(yo) dormiro, (ley) dormi**ra**
I do not sleep	(Io) non dormo	(yo) non **dor**mo
To rest	Riposare	ripo**za**re
I rest, you rest	(Io) riposo, (lei) riposa	(yo) ri**po**zo, (ley) ri**po**za
I rested, you rested	(Io) ho riposato, (lei) ha riposato	(yo) o ripc**za**to (ley) a ripo**za**to

I will rest, you will rest	(Io) riposerò, (lei) riposerà	(yo) ripozero, (ley) ripozera
I do not rest	(Io) non riposo	(yo) non ripozo
To eat	Mangiare	manjare
I eat, you eat	(Io) mangio, (lei) mangia	(yo) manjo, (ley) manja
I ate, you ate	(Io) ho mangiato, (lei) ha mangiato	(yo) o manjato, (ley) a manjato
I will eat, you will eat	(Io) mangerò (lei) mangerà	(yo) manjero, (ley) manjera
I do not eat	(Io) non mangio	(yo) non manjo
To drink	Bere	bere
I drink, you drink	(Io) bevo, (lei) beve	(yo) bevo, (ley) beve
I drank, you drank	(Io) ho bevuto, (lei) ha bevuto	(yo) o bevuto, (ley) a bevuto
I will drink, you will drink	(Io) berrò, (lei) berrà	(yo) bero, (ley) bera
I do not drink	(Io) non bevo	(yo) non bevo
To be afraid	Aver paura	aver paura,
I am afraid, you are afraid	(Io) ho paura, (lei) ha paura	(yo) o paura, (ley) a paura
I was afraid, you were afraid	(Io) avevo paura, (lei) aveva paura	(yo) avevo paura, (ley) aveva paura
I will be afraid	(Io) avrò paura,	(yo) avro paura
You will be afraid	(lei) avrà paura	(ley) avra paura

English	Italian	Pronunciation
I am not afraid	(Io) non ho paura	(yo) non o paura
To sit	Sedere	sedere
I sit, you sit	(Io) siedo, (lei) siede	(yo) **sye**do, (ley) **sye**de
I sat, you sat	(Io) mi sono seduto, (lei) si è seduto	(yo) mi **so**no se**du**to, (ley) si e se**du**to
I will sit, you will sit	(Io) sederò, (lei) sederà	(yo) sede**ro**, (ley) sede**ra**
To hurry	Aver fretta	aver **fre**ta
I am in a hurry	(Io) ho fretta	(yo) o **fre**ta
You are in a hurry	(Lei) ha fretta	(ley) a **fre**ta
I hurried, you hurried	(Io) avevo fretta, (lei) aveva fretta	(yo) a**ve**vo **fre**ta, (ley) a**ve**va **fre**ta
I will hurry, you will hurry	(Io) avrò fretta, (lei) avrà fretta	(yo) a**vro fre**ta, (ley) a**vra fre**ta
I am not in a hurry	(Io) non ho fretta	(yo) non o **fre**ta
To ask for help	Chiedere aiuto	**kye**dere a**yu**to
I ask for help	(Io) ho bisogno di aiuto	(yo) o bi**zon**yo di a**yu**to
You ask for help	(Lei) chiede aiuto	(ley) **kye**de a**yu**to
I asked for help	(Io) ho chiesto aiuto	(yo) o **kyes**to a**yu**to
You asked for help	(Lei) ha chiesto aiuto	(ley) a **kyes**to a**yu**to

I am not asking for help	(Io) non ho bisogno di aiuto	(yo) non o bi**zon**yo di a**yu**to
Passport	Passaporto	pasa **por**to
Flight	Volo	**vo**lo
Outgoing flight	Volo in partenza	**vo**lo in par**ten**tsa
Following flight	Il volo seguente	il **vo**lo seg**wen**te
Flight number	Numero del volo	**nu**mero del **vo**lo
Suitcase	Bagaglio	baga**l**yo
Customs	Dogana	do**ga**na
Money	Denaro	de**na**ro

FIRST MEETING; GREETINGS	**PRIMO INCONTRO, SALUTI**	**PRIMO INKONTRO, SALUTI**
Hello!	Ciao!	**cha**o
Good morning	Buongiorno	buon**jor**no
Good evening	Buona sera	buona sera
Good night	Buona notte	buona **not**te
Welcome!	Benvenuto!	ben**ve**nuto
My name is ...	Mi chiamo...	mi **kia**mo
I am from the United-States	(Io) sono degli Stati Uniti	(yo) **so**no **de**li **sta**ti u**ni**ti
I speak only English	(Io) parlo solo l'inglese	(yo) **par**lo **so**lo lin**gle**ze
I am pleased to meet you	Lieto di fare la sua conoscenza	**lie**to di **fa**re la **sua** kono**shen**tsa
How are you?	Come sta?	**ko**me sta
Fine, thank you	Bene, grazie	be̅**ne** **gra**tsye
How are things?	Come va?	**ko**me va?
All right	Benissimo	be**ni**simo
I've come to learn about your country	Sono venuto(a) a conoscere il suo paese	**so**no ve**nu**to (ta) a kono**she**re il **suo** pa**e**ze
I've come on a vacation	Sono venuto(a) in vacanza	**so**no ve**nu**to (ta) in va**kan**tsa

English	Italian	Pronunciation
Is there someone here who speaks English?	C'e qualcuno (qui) che parla l'inglese?	che kwalkuno (kwi) ke **parla** lingleze?
Yes, no	Si, no	si, no
I don't speak Italian	Non parlo l'italiano	non **parlo** litalyano
I speak English	Parlo solo l'inglese	**par**lo solo lingleze
I speak a little	Parlo un po'	**par**lo un **po**
Do you understand me?	Mi capisce?	mi kapishe?
I understand a little	Capisco un po'	kapisko un po
Pardon, excuse me	Scusi	**sku**zi
I am sorry	Mi dispiace	mi dis**pya**che
It doesn't matter	Non fa niente	non fa niente
Thank you very much	Tante grazie	**tan**te **gras**tye
Don't mention it	Non c'è di che	non che di ke
What do you want?	Cosa vuole?	**ko**za vuole
I would like to visit the city	Vorrei visitare la città	vo**rey** vizitare la **chi**ta
Wait a minute!	Aspetti un attimo!	as**pe**ti un **a**timo
Come with me!	Venga con me	**ven**ga kon me
I have to leave now	Adesso devo andare	a**des**so **de**vo an**da**re

Thank you for your attention	Grazie per le sue attenzioni	**grat**sye per le **sue** atents**yo**ni
Good luck!	Buona fortuna!	buona fortuna
See you later, Goodbye!	A più tardi! Arrivederci!	a pyu **tar**di! ari**ve**derchi!

HOTEL / ALBERGO / ALBERGO

I am looking for a good hotel	Sto cercando un buon albergo	sto cher**kan**do un bu**on** al**ber**go
I am looking for an inexpensive hotel	Sto cercando un albergo a buon prezzo	sto cher**kan**do un al**ber**go a bu**on pret**so
I booked a room here. Is it ready?	Ho prenotato una camera qui, è pronta?	o preno**ta**to una **ka**mera kwi, e **pron**ta
Have you a single room? A double room?	Avete una camera singola? Una camera doppia?	a**ve**te una **ka**mera **sin**gola? una **ka**mera **dop**ia?
Have you a better room?	Non avete una camera migliore?	non a**ve**te una **ka**mera mil**yo**re?
Is the room air-conditioned?	C'è l'aria condizionata in camera?	che **lar**ya kondits**yo**nata in **ka**mera

English	Italian	Pronunciation
Does the room have a shower?	La camera è con doccia?	la **kamera** e kon **docha**?
With breakfast?	Con la prima colazione?	kon la **prima** kolatsyone?
How much is the room?	Quanto costa la camera?	**kwan**to **kos**ta la **kam**era?
I should like to see the room	Vorrei vedere la camera	vo**rey** vedere la **kam**era
Do you have something bigger? Smaller? Cheaper? Quieter?	Non avete una camera più grande? più piccola? più a buon prezzo? più tranquilla?	non avete una **kam**era pyu **gran**de? pyu **pik**ola? pyu a buon **pret**so? pyu trank**wi**la?
Will you send my bags?	Per favore, mandi a prendere la mie valigie	per favore, **man**di a **pren**dere le **mie** valije
I would like to keep this in the safe	Vorrei mettere questo nella cassaforte	vo**rey** metere **kwes**to **ne**la casa**for**te
Where is the ladies' room? The men's room?	Dove sono i gabinetti per signore? per uomini?	**dove so**no i gabineti per sin**yore**? per uomini?
Where is the dining room? T.V. Room?	Dov'è la sala da pranzo? la stanza della televisione?	dove la **sala** da **pran**tso? la **stan**tsa **de**la televi**zyone**?
Please, wake me at ...	Per favore mi svegli alle...	per **favore**, me **svelyi a**le...

14

Who's there?	Chi è?	ki e?
Please wait!	Un momento, prego!	un momento, prego!
Come in!	Entri!	entri!
May I have another towel?	Potrei avere un altro asciugamano?	potrey avere un altro ashugamano?
May I have another pillow?	Potrei avere un altro cuscino?	potrey avere un altro kushino?
...another blanket?	...un'altra coperta?	...un altra koperta?
...hangers?	...appendiabiti?	...apendiabiti?
...hot water bottle?	...una bottiglia di acqua calda?	...una botilya di akwa kalda?
...night lamp?	...una lampada da notte?	...una lampada da notte?
...thread and needle?	...ago e filo?	...ago e filo?
...writing paper? pen?	...carta da scrivere, una penna?	...karta da skrivere, una pena?
Could you cable abroad for me?	Può mandarmi un telegramma all' estero?	puo mandarmi un telegrama alestero?
A vacant room	Una camera libera	una kamera libera

Receptionist	L'addetto allo ricezione	ladetto alo richetsyone
Chambermaid	La cameriera	la kameryera
Security Officer	L'agente di sicurezza	lajente di sikuretsa
Waiter	Il cameriere	il kameryere
Dining Room	La sala da pranzo	la sala da prantso
Reception room	La ricezione	la richetsyone
Lift boy (Elevator boy)	Il ragazzo dell'ascensore	il ragatso del ashenzore
Room key	La chiave della camera	la kiave dela kamera
Room number	Il numero della camera	il numero dela kamera
Bed, blanket, sheet	Letto, coperta, lenzuolo	leto, koperta, lentsuolo
Mens' toilet	Gabinetto per uomini	gabineto per uomini
Ladies' toilet	Gabinetto per signore	gabineto per sinyore
Toilet paper	Carta igienica	karta ijenika

INFORMATION AT HOTEL

INFORMAZIONI IN ALBERGO

INFORMATSYONI IN ALBERGO

Is there a taxi station nearby? — C'è un posteggio di tassi nelle vicinanze? — che un postejo di tasi nele vichinantse?

What is the telephone number? — Qual è il numero di telefono? — kwale il numero di telefono?

English	Italian	Pronunciation
How do I get to …?	Come posso arrivare a…?	kome poso arivare a…?
By bus?	In autobus?	in autobus?
Where is the bus stop?	Dov'è la fermata dell'autobus?	dove la fermata del autobus?
Where is the nearest post office?	Dov'è il più vicino ufficio postale?	dove il pyu vichino ufichio postale?
Ladies' hairdresser	Parrucchiere per signora	parukiere per sinyora
Barber	Barbiere	barbiere
Laundry, shop	Lavanderia, negozio	lavanderia, negotsio
Where can I get a snack?	Dove posso fare uno spuntino?	dove poso fare uno spuntino?
Is there a grocery nearby?	C'è una drogheria da queste parti?	che una drogeria da kweste parti?
Where is the Tourist Information Office?	Dov'è l'ufficio informazioni per turisti?	dove lufichio informatsyoni per turisti?
Can I have a programme of this week's events?	Potrei avere il programma delle manifestazioni di questa settimana?	potrey avere il programa dele manifestatsyoni di kwesta setimana?

17

English	Italian	Pronunciation
How can I get to ... on foot?	Comme posso arrivare a ...a piedi? ...in autobus?	kome poso arivare a... a pyedi? ...in autobus?
...by bus?		
...to this address?	...a questo indirizzo?	...a kwesto indiritso?
...to the center of town?	...in centro?	...in chentro?
...to the shopping district?	...al centro commerciale?	...al chentro komerchale?
...to a bookshop?	...a un negozio di libri?	...a un negotsio di libri?
...to the market?	...al mercato?	...al merkato?
...to the exhibitions?	...alla mostra?	...ala mostra?
...to the museum?	...al museo?	...al muzeo?
...to the theatre?	...al teatro?	...al teatro?
...to the cinema?	...al cinema?	...al chinema?
...to a nightclub?	...al locale notturno (night club)?	...al lokale noturno?
What plays are running this week?	Che rappresentazioni si danno questa settimana?	ke raprezentatsyoni si dano kwesta setimana?
Which films worth seeing are on this week?	Che film vale la pena di vedere questa settimana?	ke film vale la pena di vedere kwesta setimana?

Is there a tennis court nearby?	C'è un campo di tennis da queste parti?	che un **kampo** di **tenis** da **kweste parti**?
Have you got any mail for me?	È arrivata posta per me?	e arivata **posta** per me?
Is there a message for me?	C'è un messaggio per me?	che un **mesajo** per me?
I am going out and will return at ...	Esco e tornerò alle...	**esko** e torne**ro** a**le**...
I'll leave the hotel tomorrow at ...	Lascerò l'albergo domani alle...	las**hero** la**lbergo** domani **ale**...
Please make up my bill	Per favore mi faccia il conto	per favore mi **facha** il **konto**
May I store my luggage here until ...?	Posso lasciare qui le mie valigie fino a...?	**poso** las**hare** kwi **le mie** valije fino a...?
Goodbye	Arrivederci!	arive**derchi**

TAXI / TASSÌ / TASI

| Please call me a taxi. | Per favore mi chiami un tassì | per favore mi kiami un tasi |
| Driver, would you please bring my suitcase inside? | Per favore, autista, potrebbe portarmi dentro la valigia? | per favore, autista, potre**be** port**armi den**tro la valija? |

Take me to this address, please ...	Per favore, mi porti a questo indirizzo	per favore, mi porti a kwesto indiritso
Please drive more slowly	Per favore, vada più piano	per favore, vada pyu piano
How much is the fare?	Quant'è?	kwante?
Can you come here at ... in order to take me back?	Può tornare alle... per riportarmi indietro?	puo tornare ale... per riportarmi indietro

IN THE POST OFFICE / ALL' UFFICIO POSTALE / **AL UFICHO POSTALE**

Where is the post office?	Dov'è l'ufficio postale?	dove luficho postale?
Where can I send an overseas cable?	Dove posso mandare un telegramma all' estero?	dove poso mandare un telegrama alestero?
Please, give me an overseas cable form	Per favore, mi dia un modulo di telegramma per l'estero	per favore, mi dia un modulo di telegrama per lestero
When will the telegram arrive?	Quando arriverà il telegramma?	kwando arivera il telegrama?
How much do I have to pay?	Quant'e?	kwante?

English	Italian	Pronunciation
What stamps do I need for this letter by ordinary mail?	Come devo affrancare questa lettera mandandola per posta normale?	kome devo afrankare kwesta letera mandandola per posta normale?
...by air mail?	...per posta aerea?	...per posta aerea?
...by registered mail?	...raccomandata?	...rakomandata?
...by express delivery?	...espresso?	...espreso?
Please send this registered	Per favore, la mandi raccomandata	per favore, la mandi rakomandata
Pleas give me postcarts to send locally	Per favore mi dia... cartoline per l'interno	per favore, mi dia... kartoline per linterno
Give me airletters to Europe, America, please	Per favore mi dia degli aerogrammi per l'Europa, per l'America	per favore mi dia deli aerogrami per leuropa, per lamerika
Where is the nearest post box?	Dov'è la più vicina buca delle lettere?	dove la pyu vichina buka dele letere?
May I have some telephone tokens, please?	Potrei avere dei gettoni del telefono, per favore?	potrey avere dey jetoni del telefono, per favore?

Please, could you get me this number, as I could not get it by dialing?	Per favore, mi metta in comunicazione con questo numero; non riesco a chiamarlo direttamente	per favore, mi **meta** in komunikatsyone kon **kwesto numero**, non riesko a kiamarlo diretamente
Please, could you put me through to the International Exchange for this number?	Per favore, mi metta in contatto con questo numero attraverso il centralino internazionale	per favore, mi **meta** in kontato kon **kwesto numero** atraverso il chentralino internatsyonale
Please book me a call for tomorrow at ...	Per favore mi prenoti una telefonata per domani alle....	per favore, mi prenoti una telefonata per domani ale...
I've come for my overseas call, booked for ... (hr.)	Sono venuto per la mia telefonata all' estero, prenotata per le....	**sono venuto** per la **mia** telefonata alestero, prenotata per le...
How much do I have to pay?	Quant'è?	kwante?
Please, may I have a receipt?	Per favore, potrei avere la ricevuta?	per favore, **potrey** avere la richevuta
Thank you, goodbye	Grazie, arrivederci	**gratsye**, arivederchi

IN THE RESTAURANT	AL RISTORANTE	AL RISTORANTE
I am hungry	Ho fame	o fame
I am thirsty	Ho sete	o sete
Where is there a good restaurant?	Dove posso trovare un buon ristorante?	dove poso trovare un buon ristorante?
Waiter	Cameriere	kameriere
Waitress	Cameriera	kameriera
Can I see the menu?	Posso vedere il menu?	poso vedere il menu?
Breakfast	Prima colazione	prima kolatsyone
Lunch	Pranzo	prantso
Dinner	Cena	chena
I would like to order	Vorrei ordinare	vorey ordinare
Give me this	Mi dia questo	mi dia kwesto
Tea with lemon, tea with milk	Tè con limone, tè con latte	te kon limone, te kon late
Coffee and milk	Caffè e latte	kafe e late
Turkish coffee	Caffè nero	kafe nero
Nescafé and milk	Caffè solubile e latte	kafe solubile e late
Milk, cocoa, espresso	Latte, cacao, espresso	late, kakao, espreso

Cold, warm, hot	fredo, caldo, bolente	fredo, kaldo, bolente
Cold water, soda water	Acqua fredda, (Acqua di) selz	akwa freda, (akwa di) selts
Orange juice, grapefruit juice	Spremuta di arancia	spremuta di arancha
	Spremuta di pompelmo	spremuta di pompelmo
Cake, ice-cream	Dolce, gelato	dolche, jelato
White beer, black beer	Birra chiara, birra scura	bira kiara, bira skura
Sweet wine, dry wine	Vino dolce, vino secco	vino dolche, vino seko
Cognac, whisky	Cognac, whisky,	konyak, wiski,
Buttered roll	(Un) panino con burro	(un) panino kon buro
White bread, black bread	Pane bianco, pane nero	pane bianko, pane nero
Toast and jam	Toast con marmellata	tost kon marmelata
Rolls	Panini	panini
Egg, soft-boiled egg	Uovo, uovo à la coque	uovo, uovo a la kok
Omelette, fried egg	Omelette, uovo fritto	omelet, uovo frito
White cheese, yellow cheese	Crema di formaggio,	krema di formajo
	Formaggio giallo	formajo jalo
Yogurt	Yogurt	yogurt
Beans	Fagioli	fajoli
Sausage, hot dogs	Salsiccia, salsicce	salsicha, salsiche

English	Italian	Pronunciation
Vegetable salad	Insalata di verdura	insalata di verdura
Salt, oil, sugar	Sale, olio, zucchero	sale, olio, tsukero
Pepper, lemon juice	Pepe, succo di limone	pepe, suko di limone
Olives, pickled cucumber	Olive, cetriolo sotto aceto	olive, chetriolo soto acheto
Herring, pickled fish	Aringa, pesce in salamoia	aringa, peshe in salamoya
Smoked fish	Pesce affumicato	peshe afumikato
Filleted fish	Filetti di pesce	fileti di peshe
Baked, grilled, boiled	Al forno, ai ferri, lesso	al forno, ai feri, leso
Fried, steamed	Fritto, cotto a vapore	frito, koto a vapore
Chicken, turkey, duck	Pollo, tacchino, anatra	polo, takino, anatra
Beef, lamb	Manzo, agnello	mandzo, anyelo
Liver, tongue	Fegato, lingua	fegato, lingwa
Steak, shnitzel	Bistecca, cotoletta	bisteka, kotoleta
Meat balls	Polpette	polpete
Bean soup, vegetable soup	Minestra di fagioli, minestra di verdura	minestra di fajoli minestra di verdura
Chicken soup, meat soup	Brodo di pollo, brodo di carne	brodo di polo brodo di karne
Mashed potatoes	Purè di patate	pire di patate
Chips	Patatine fritte	patatine frite

English	Italian	Pronunciation
Fruit salad	Macedonia di frutta	machedonya di fruta
Pudding, bavaria cream	Budino, crema bavarese	budino, krema bavareze
Glass, bottle, cup	Bicchiere, bottiglia, tazza	bikiere, botilya, tatsa
Spoon, fork, knife	Cucchiaio, Forchetta, Coltello	kukiayo, forketa, koltelo
Plate, teaspoon	Piatto, Cucchiaino da tè	piato, kukiaino da te
Serviette, ashtray	Tovagliolo, Posacenere	tovalyolo, pozachenere
Toothpicks	Stuzzicadenti	stutsikadenti
How much must I pay?	Quant'è?	kwante
Change and a receipt, please	Per favore, mi dia il resto e la ricevuta	per favore, mi dia il resto e la richevuta

GROCERY — BOTTEGA — BOTEGA

English	Italian	Pronunciation
White bread, brown bread	Pane bianco, pane nero	pane bianko, pane nero
Milk, yogurt	Latte, yogurt	late, yogurt
Sour cream	Panna acida	pana achida
White cheese	Crema di formaggio	krema di formajo
Yellow cheese	Formaggio giallo	formajo jalo
Salt cheese	Formaggio salato	formajo salato

English	Italian	Pronunciation
Butter, margarine, oil	Burro, margarina, olio	buro, margarina, olio
Sardines, tuna fish	Sardine, tonno	sardine, tono
Tuna salad	Insalata di tonno	insalata di tono
Olives, eggs	Olive, uova	olive, uova
Soup mix	Minestra in polvere	minestra in polvere
Sugar, honey, salt	Zucchero, miele, sale	tsukero, miele, sale
Preserved meat	Carne in scatola	karne in skatola
Laundry soap	Sapone(da bucato)	sapone (de bukato)
Flour, noodles	Farina, spaghetti	farina, spageti
Please give me	Per favore mi dia...	per favore, mi dia...
How much does...cost?	Quanto costa?	kwanto kosta?

FRUITS AND VEGETABLES / FRUTTA E VERDURA / FRUTA E VERDURA

English	Italian	Pronunciation
Almonds	Mandorle	mandorle
Apples	Mele	mele
Apricot	Albicocca	albikoka
Banana	Banana	banana

Beans	Fagioli	**fa**joli
Beetroot	Barbabietola	barra**bietola**
Cabbage	Cavolo	**ka**volo
Carrot	Carota	**ka**rota
Cauliflower	Cavolfiore	kavol**fyore**
Corn	Grano	**gra**no
Cucumber	Cetriolo	che**triolo**
Dates	Datteri	**da**teri
Eggplant	Melanzana	melan**tsa**na
Figs	Fichi	**fi**ki
Garlic	Aglio	**al**yo
Grapefruit	Pompelmo	pom**pel**mo
Grapes	Uva	**u**va
Lemon	Limone	li**mone**
Lettuce	Lattuga	la**tuga**
Squash	Zucchina	dzu**ki**na
Melon	Melone	me**lone**
Nuts	Noci	**no**chi
Onion	Cipolla	chi**pola**

Oranges	Arance	**aran**che
Peaches	Pesche	**pes**ke
Pears	Pere	**pe**re
Peas	Piselli	pi**ze**li
Pepper	Peperone	peperone
Pomegranate	Melagrana	mela**gra**na
Potatoes	Patate	pa**ta**te
Radish	Ravanelli	rava**ne**li
Rice	Riso	**ri**zo
Spinach	Spinaci	spin**a**chi
Tomatoes	Pomodori	pomo**do**ri
Watermelon	Anguria	an**gur**ya

BANK

Where is the nearest bank?
I have dollars to exchange.
Travellers checks

BANCA

Dov'è la banca più vicina?
Ho dei dollari da cambiare
Traveller's cheques

BANKA

dove la **ban**ka pyu vi**chi**na?
o dey **do**lari da kamby**a**re
travelers checks

Will you please change... dollars into local currency for me?	Per favore, potrebbe cambiarmi dei dollari in valuta locale?	per favore, potrebe kambiarmi dey dolari in valuta lokale?
Could I have it in small change, please?	Potrei averli in moneta spicciola, per favore?	potrey averli in moneta spichola, per favore?
... in large notes?	...in banconote?	...in bankonote?
Could you, please, give me change for this note?	Per favore, può cambiarmi questa banconota in spiccioli?	per favore, puo kambiarmi kwesta bankonota in spicholi?
Cash, checks	Contanti, assegni	kontanti, asenyi
Clerk, manager	Impiegato, direttore	impiegato, diretore
Cash desk, cashier	Cassa, cassiere	kasa, kasiere

CLOTHES / VESTIARIO / VESTIARIO

I would like to buy...	Vorrei comprare...	vorey komprare...
My size is...	La mia misura è...	la mia mizura e...
My number is...	Il mio numero è...	il mio numero e...
May I try it on?	Posso provarlo?	poso provarlo?

English	Italian	Pronunciation
This is too short, too long	È troppo corto, troppo lungo	e **tropo korto, tropo lungo**
It is too tight, too loose	È troppo stretto, troppo largo	e **tropo streto, tropo largo**
I would like to have it shortened	Vorrei farlo accorciare	vo**rey far**lo akor**cha**re
A pair of shorts	Un paio di pantaloni corti	un **pa**yo di pantaloni **kor**ti
A pair of trousers	Un paio di pantaloni	un **pa**yo di pantaloni
Boots	Stivali	sti**va**li
Brassiere	Reggiseno	reji**se**no
Button	Bottone	bo**to**ne
Cape	Mantellina	mante**li**na
Coat	Soprabito	so**pra**bito
Collar	Colletto	ko**le**to
Cotton material	Tessuto di cotone	te**su**to di **ko**tone
Dress	Vestito	ves**ti**to
Gloves	Guanti	**gwan**ti
Hat	Cappello	ka**pe**lo
Handkerchief	Fazzoletto	fatso**le**to

English	Italian	Pronunciation
Jacket	Giacca	jaka
Ladies' handbag	Borsetta	borseta
Leather	Pelle	pele
Linen	Lino	lino
Nylon stockings	Calze di nylon	kaltse di nailon
Night shirt	Camicia da notte	kamicha da note
Pajamas	Tasca	taska
Pantyhose	Calzamaglia	kaltsamalya
Pocket	Pigiama	pijama
Raincoat	Impermeabile	impermeabile
Robe	Tunica	tunika
Rubber boots	Stivali di gomma	stivali di goma
Sandals	Sandali	sandali
Scarf	Sciarpa	sharpa
Scissors	Forbici	forbichi
Shoe laces	Stringhe	stringe
Shoes	Scarpe	skarpe
Silk	Seta	seta
Shirt	Camicia	kamicha

English	Italian	Pronunciation
Skirt	Gonna	gona
Slippers	Pantofole	pantofole
Sports shoes, sneakers	Scarpe da ginnastica	skarpe di jinastika
Stockings	Calze	kaltse
Sweater	Maglione	malyone
Swimsuit	Costume da bagno	kostume da banyo
Suit	Abito	abito
Synthetic material	Tessuto sintetico	tesuto sintetiko
Belt	Cintura	chintura
Tie	Cravatta	kravata
Umbrella	Ombrella	ombrela
Underpants	Mutande	mutande
Velvet	Velluto	veluto
Undershirt, vest	Canottiera	kanotiera
Woolen material	Tessuto di lana	tesuto di lana
Zipper	Chiusura lampo	kyuzura lampo

COLORS

I want a light shade,
    dark shade
    Red, yellow
    Green, blue
    Purple, gray
    Black, white
    Brown, pink

LAUNDRY

Could you please clean my suit, coat, sweater?
Please, could you wash and iron the shirts and underwear for me?
When will they be ready?
Please also do any necessary repairs
The belt of the dress is missing

COLORI

Voglio una sfumatura chiara,
    una sfumatura scura
Rosso, giallo
Verde, blu
Viola, grigio
Nero, bianco
Marrone, rosa

LAVANDERIA

Per favore, può pulire il mio abito? soprabito? maglione?
Per favore, può lavarmi e stirarmi le camicie e la biancheria?
Quando saranno pronte?
Per favore, faccia anche tutte le riparazioni necessarie
Manca la cintura del vestito

KOLORI

volyo una sfumatura kiara,
    una sfumatura skura
roso, jalo
verde, blu
viola, grijo
nero, bianko
marone, roza

LAVANDERIA

per favore, puo pulire il mio abito, soprabito, malyone?
per favore, puo lavarmi e stirarmi le kamiche e la biankeria?
kwando sarano pronte?
per favore, facha anke tute le riparatsyoni nechesarie
manka la chintura del vestito

AT THE HAIR DRESSER / DEL PARRUCCHIERE / DEL PARUKIERE

AT THE HAIR DRESSER	DEL PARRUCCHIERE	DEL PARUKIERE
I want to get a hair cut	Vorrei tagliarmi i capelli	vorey talyarmi i kapeli
In front, on the sides, behind	Davanti, ai lati, dietro	davanti, ai lati, dietro
Shorter, longer	Più corto, più lungo	pyu korto, pyu lungo
Side locks, beard, moustache	Basette, barba, baffi	bazete, barba, bafi
How long must I wait?	Quanto devo aspettare?	kwanto devo aspetare?
A short while, a long time	Un po', molto (tempo)	un po, molto (tempo)
I want a shampoo, please	Vorrei uno shampoo, per favore	vorey uno shampu, per favore
The water is too hot	L'acqua è troppo calda	lakwa e tropo kalda
I want a shave	Vorrei radermi	vorey radermi
Be careful here!	Stia attento qui!	stia atento kwi!
I want my hair dyed	Vorrei tingermi i capelli	vorey tinjermi i kapeli
I want my hair set	Vorrei una messa in piega	vorey una mesa in piega
Pedicure, manicure	Pedicure, manicure	pedikir, manikir

BOOKSHOP	LIBRERIA	LIBRERIA
I would like to buy ...	Vorrei comprare	vorey komprare...
...A newspaper	...un giornale	...un jornale
...A magazine	...una rivista	...una rivista
...A guidebook	...una guida	...una gwida
...A map of the city	...una pianta della città	...una pianta dela chita
...A map of the country	...una carta (geografica) del paese	...una karta (jeografika) del paeze
...Envelopes	...delle buste	...dele buste
...A writing pad	...un blocco	...un bloko
...An exercise book	...un libro di esercizi	...un libro di ezerchitsi
...A pencil	...una matita	...una matita
...A fountain pen	...una (penna) stilografica	...una (pena) stilografika
...A ballpoint pen	...una penna biro	...una pena biro
...A refill for the pen	...un ricambio per la penna	...un rikambio per la pena

THE WEATHER	**IL TEMPO**	**IL TEMPO**
What a beautiful day!	Che bella giornata	ke bela jornata
Bright, the sun is shining	Limpido, splende il sole	limpido, splende il sole
Warm, hot, very hot	Caldo, molto caldo	kaldo, molto kaldo
Chilly, cold, very cold	Fresco, freddo, molto freddo	fresko, fredo, molto fredo
Dry, heat wave	Secco, ondata di caldo	seko, ondata di kaldo
Damp, drizzle, rain	Umido, pioggerella, pioggia	umido, pyojerela, pyoja
Cloudy, foggy	Nuvoloso, nebbioso	nuvolozo, nebiozo
To wear a warm coat	Indossare un soprabito pesante	indosare un soprabito pezante
Raincoat	Impermeabile	impermeabile
Rubber boots	Stivali di gomma	stivali di goma
To take an umbrella	Prendere un' ombrella	prendere un ombrela,

TRANSPORT	**MEZZI DI TRASPORTO**	**MEDZI DI TRASPORTO**
Bus, train, plane	Autobus, treno, aeroplano	autobus, treno, aeroplano
Underground, express train	Metropolitana, treno espresso	metropolitana, treno espreso

Ticket, ticket office	Biglietto, ufficio biglietti	bilyeto, uficho bilyeti
Driver, steward, stewardess	Conducente, steward, hostess	konduchente, stuard, hostes
Load/luggage, porter	Bagaglio, facchino	bagalyo, fakino
Where is the lost baggage office?	Dov'è l'ufficio bagagli smarriti?	dove luficho bagalyi zmariti?
I left ... in the coach	Ho lasciato... nel vagone	o lashato... nel vagone

TRAIN, BUS / TRENO, AUTOBUS / TRENO, AUTOBUS

When does the train for ... leave?	Quando parte il treno per...?	kwando parte il treno per...?
How do I get there?	Come posso arrivare fino a lì?	kome poso arivare fino a li?
By tramway, bus, underground (subway)	In treno, autobus, metropolitana	in treno, autobus, metropolitana
Where is the ticket office?	Dov'è l'ufficio biglietti?	dove luficho bilyeti?
At what time does the next train leave for ...?	Quando parte il prossimo treno per...?	kwando parte il prosimo treno per...?

Give me a ticket for … please	Per favore mi dia un biglietto per...	per favore, mi **dia** un bil**ye**to per...
If possible, by the window and facing the front	Possibilmente vicino al finestrino e nella direzione del viaggio	posi**bil**mente vi**chi**no al finestrino e **ne**la direts**yo**ne del **vya**jo
Where can I find a porter?	Dove posso trovare un facchino?	**do**ve **po**so trovare un fa**ki**no?
Please, take the bags to the coach	Per favore, porti le valigie al vagone	per favore, **por**ti le va**li**je al va**go**ne
Where is the dining coach?	Dov'è il vagone ristorante?	dove il va**go**ne risto**ran**te?
May I open (close) the window?	Posso aprire (chiudere) il finestrino?	**po**so aprire (**kyu**dere) il finestrino?
May I smoke?	Posso fumare?	**po**so fu**ma**re?
When does the train arrive at?	Quando arriva il treno a...?	**kwan**do a**ri**va il **tre**no a...?
What bus goes to...?	Che autobus va a...?	ke **au**tobus va a...?
Where is the bus to ...?	Dov'è l'autobus per...?	dove **lau**tobus per...?
How much is a ticket to ...?	Quanto costa un biglietto per...?	**kwan**to **kos**ta un bil**ye**to per...?
Is this the bus to ...?	È questo l'autobus per...?	e **kwes**to **lau**tobus per...?

I am looking for this address	Sto cercando questo indirizzo	sto cher**kan**do **kwes**to indi**ri**tso
At which station do I get off?	A che fermata devo scendere?	a ke fer**ma**ta **de**vo **shen**dere?

AIRPLANE

AEROPLANO

AEROPLANO

By which means of transport do I get to the airport?	Con che mezzo posso arrivare all'aeroporto?	kon ke **me**tso **po**so ari**va**re al aero**por**to?
Is there a bus service (taxi) to there?	C'è un servizio di autobus (di tassì) fino a lì?	che un ser**vi**tsio di **au**tobus (di ta**si**) **fi**no a li?
At what time will I be picked up?	A che ora verranno a prendermi?	a ke **o**ra ve**ra**no a **pren**dermi?
Which is the nearest bus stop to the airport?	Qual è la più vicina fermata dell'autobus per l'aeroporto?	**kwa**le la pyu vi**chi**na fer**ma**ta del **au**tobus per laero**por**to?
At what time should I be there?	A che ora devo essere lì?	a ke **o**ra **de**vo **e**sere li?

At what time does the plane take off?	A che ora parte l'aeroplano?	a ke ora parte laeroplano?
When will it arrive?	Quando arriva?	kwando ariva?
Is there a flight to?	C'è un volo per...?	che un volo per...?
What is the flight number?	Qual è il numero del volo?	kwale il numero del volo?
I have nothing to declare	Non ho niente da dichiarare	non o niente da dikiarare
This is all I have	Questo è tutto quello che ho	kwesto e tuto kwelo ke o
Please, take my luggage	Per favore, prenda il mio bagaglio	per favore prenda il mio bagalyo
May I have a travel sickness pill, please?	Posso avere una pillola contro il mal d'aria, per favore?	poso avere una pilola kontro il mal daria, per favore?
May I have a glass of water?	Potrei avere un bicchiere d'acqua?	potrey avere un bikiere dakwa?

CAR JOURNEY

VIAGGIO IN AUTOMOBILE

VYAJO IN AUTOMOBILE

Where can I rent a car?   Dove posso noleggiare un' automobile?   dove poso nolejare un automobile?

I have an international driving license	Ho la patente internazionale	o la patente internatsyonale
How much is it to rent a car per day?	Quanto costa al giorno il noleggio di un' automobile?	kwanto kosta al jorno il nolejo di un automobile?
What is the additional rate per kilometer?	Quanto bisogna aggiungere per chilometro?	kwanto bizonya ajunjere per kilometro?
Where is the nearest petrol (gas) station?	Dov'è la più vicina stazione di servizio?	dove la pyu vichina statsyone di servitsio?
Please, put in ... liters	Per favore, metta... litri	per favore, meta... litri
Check the oil, please	Per favore, controlli l'olio	per favore, kontroli lolyo
...the brakes	...i freni	...i freni
...the gear box	...il cambio	...il kambyo
Please put water in the battery, radiator	Per favore, metta acqua nella batteria	per favore, meta akwa nela bateria
	...nel radiatore	... nel radiatore
Change the oil in the car, please	Per favore, cambi l'olio	per favore, kambi lolyo
May I have a road map of the area?	Posso avere una carta stradale dei dintorni?	poso avere una karta stradale dey dintorni?

42

English	Italian	Pronunciation
Please inflate the tires, the reserve wheel too	Per favore, gonfi le gomme, anche la ruota di riserva	per favore, **gon**fi le **go**me, **an**ke la ruota di riserva
Please change the inner tube,	Per favore, cambi la camera d'aria	per favore, **kam**bi la **ka**mera daria
Please repair the puncture	Per favore, ripari la foratura	per favore, ri**pa**ri la foratura
What is the speed limit?	Qual è il limite di velocità?	**kwa**le il **li**mite di velo**chi**ta?
Which is the way to …?	Qual è la strada per…?	**kwa**le la **stra**da per…?
Is that a good road?	E una buona strada?	e **u**na **buo**na **stra**da?
Is there a shorter way?	C'è una strada più breve?	che **u**na **stra**da **pyu breve**?
Which place is this?	Che luogo è questo?	ke **luo**go e **kwes**to?
Is this the road to …?	È questa la strada per…?	e **kwes**ta la **stra**da per…?
Yes, no	Si, no	si, no
Please, go back	Per favore, torni indietro	per favore, **tor**ni indietro
Please go straight on	Continui diritto	kon**ti**nui di**ri**to
Turn to the right (left)	Volti a destra (sinistra)	**vol**ti a **des**tra (sinistra)
Turn to the north, (south, east, west)	Si diriga a nord (sud, est, ovest)	si di**ri**ga a nord, (sud, est, ovest)
This way	Da questa parte	da **kwes**ta **par**te

How far is it to …?	Quanto c'è da qui a…?	**kwan**to che da kwi a…?
Is it near? (far?)	È vicino (lontano)?	e vi**chi**no (lontano)?
Very far?	Molto lontano?	**mol**to lontano
There, here	Là, qua	la, kwa
Please show me on the map	Per favore, mi faccia vedere sulla carta	per favore mi **fa**cha ve**de**re sula **kar**ta
Where are we?	Dove siamo?	**do**ve siamo?
Where is the place that we want to go to?	Dov'è il luogo dove vogliamo andare?	**do**ve il luogo **do**ve vol**ya**mo an**da**re?
On which road should we travel?	Che strada dobbiamo fare?	ke **stra**da do**bia**mo **fa**re?

SIGNS / SEGNALI / SENYALI

Stop!	Stop!	stop!
Caution!	Attenzione!	atent**syo**ne!
Dangerous curve	Curva pericolosa	**kur**va periko**lo**sa
Slow!	Adagio!	a**da**jo!

Danger!	Pericolo!	perikolo!
First Aid	Pronto soccorso	pronto sokorso
Red Cross	Croce Rossa	croche rosa
Pharmacy	Farmacia	farmachia
Police	Polizia	politsia
Fire hydrant	Estintore	estintore
No parking	Sosta vietata	sosta vietata
No entry	Ingresso vietato	ingreso vietata
No crossing	Passaggio vietato	pasajo vietato
One-way Street	Strada a senso unico	strada a senso uniko
Pedestrian crossing	Passaggio pedonale	pasajo pedonale
Detour	Deviazione	deviatsyone
Men at Work	Lavori in corso	lavori in korso
Entrance	Entrata	entrata
Exit	Uscita	ushita
No smoking	Vietato fumare	vietato fumare
Information	Informazioni	informatsyone
Elevator	Ascensore	ashensore

Travel on this road	Faccia questa strada!	facha kwesta strada!
Travel slowly	Vada piano!	vada pyano!
Take care	Stia attento!	stia atento!
Crossroad, junction, bridge	Incrocio, congiunzione, ponte	inkrocho, konjuntsyone, ponte
Highway, dual highway	Autostrada, Autostrada a due corsie	autostrada, autostrada a due korsie
Bad road	Cattiva strada	kativa strada
Narrow road	Strada streta	strada streta
Road under repair	Strada in riparazione	strada in riparatsyone
Dirt road	Strada non asfaltata	strada non asfaltata
Steep incline	Pendio ripido	pendio ripido
Steep decline	Pendio ripido	pendio ripido
Sharp turn	Svolta improvvisa	svolta improviza
Blinding light	Luce abbagliante	luche abalyante
Children on the road	Bambini sulla strada	bambini sula strada

GARAGE   GARAGE   GARAJ

Where is a garage nearby?   Dove posso trovare un garage da queste parti?   dove poso trovare un garaj da kweste parti?

Please check and adjust the brakes	Per favore, controlli e regoli i freni	per favore, kontroli e regoli i freni
Please check the gearbox and adjust the clutch	Per favore, controlli la scatola del cambio e regoli la frizione	per favore, kontroli la skatola del kambyo e regoli la fritsyone
The engine uses too much oil	Il motore consuma troppo olio	il motore konsuma tropo olio
The engine is overheating	Il motore si surriscalda	il motore si suriskalda
The radiator needs refilling too often	Bisogna riempire il radiatore troppo spesso	bizonya riempire il radiatore tropo speso
Please check the plugs	Per favore, controlli la candele	per favore, kontroli le kandele
Please check the points	Per favore, controlli le puntine (di ingrassaggio)	per favore, kontroli i puntine (di ingrasajo)
The car doesn't start well	L'automobile non parte bene	lautomobile non parte bene
Please check the headlight alignment	Per favore, controlli se i fari anteriori sono allineati	per favore, kontroli se i fari anteriori sono alineati

REPAIRS	**RIPARAZIONI**	**RIPARATSYONI**
Wheel balance	Bilanciare le ruote	bilanchare le ruote
Oil change	Cambio dell' olio	kambio del olio
Tighten screws	Stringa le viti	stringa le viti
Fill the radiator	Riempia il radiatore	riempia il radiatore
Oil the engine	Lubrifichi il motore	lubrifiki il motore
Wheel alignment	Allineamento delle ruote	alineamento dele ruote
Water for the battery	Acqua per la batteria	akwa per la bateria
The gear is stuck	Il cambio è bloccato	il kambio e blokato
...grinding	...tossisce	...tosishe
The oil is leaking	C'è una perdita d'olio	che una perdita dolio
The part is burnt out	La parte è bruciata	la parte e bruchata
To take a wheel apart	Smontare una ruota	zmontare una ruota
Short circuit	Corto circuito	korto chirkwito
The steering wheel is loose	Il volante è allentato	il volante e alentato
The axle rod is broken	L'asse è rotto	lase e roto
Puncture in the tire	Foratura nel pneumatico	foratura nel pneumatiko
Everything is O.K.	Tutto in ordine	tuto in ordine

PARTS OF A CAR	**PARTI DELL' AUTOMOBILE**	**PARTI DEL AUTOMOBILE**
Battery	Batteria	bateria
Brakes	Freni	freni
Carburetor	Carburatore	karburatore
Clutch	Frizione	fritsyone
Distilled water	Acqua distillata	akwa distilata
Filter	Filtro	filtro
Gear	Cambio	kambyo
Ignition	Ignizione	initsiyone
Lubrigation	Lubrificazione	lubrifikatsyone
Pedal, piston	Pedale, Pistone	pedale, pistone
Radiator	Radiatore	radiatore
Spark plugs, spring	Candele, Molla	kandele, mola
Steering wheel	Volante	volante
Wheel, wheels	Ruota, ruote	ruota, ruote

PHYSICIANS

Where does an English speaking doctor live?
I need first aid

I need an internal specialist
Can you recommend a good doctor?

MEDICI

Dove abita un medico che parli l'inglese?
Ho bisogno del pronto soccorso

Ho bisogno di un internista
Può raccomandare un buon medico?

MEDICHI

dove abita un mediko ke parli lingleze?
o bizonyo del pronto sokorso

o bizonyo di un internista
puo rakomandare un buon mediko?

TYPES OF DOCTORS

Ear, nose and throat specialist
Orthopedist, Surgeon
Pediatrician, Gynecologist
Dermatologist
Eye specialist
Neurologist
Internal specialist
Dentist

SPECIALISTI

Otorinolaringoiatra
Ortopedico, chirurgo
Pediatra, ginecologo
Dermatologo
Oculista
Neurologo
Internista
Dentista

SPECHALISTI

otorinolaringoyatra
ortopediko, kirurgo
pediatra, jinekologo
dermatologo
okulista
neurologo
internista
dentista

ILLNESSES	**MALATTIE**	**MALATIE**
I have no appetite	Non ho appetito	non o apetito
Nausea	Nausea	**nau**zea
Infection	Infezione	infets**yone**
Depression	Depressione	depres**yone**
Cold	Freddo	**fre**do
Vomiting	Vomito	**vo**mito
Pregnancy, pregnant	Gravidanza, incinta	gravi**dantsa**, in**chinta**
Contraction	Contrazione	kontrats**yone**
Heart patient	Malato di cuore	malato di **kwore**
Fever	Febbre	**febre**

PARTS OF THE BODY	**PARTI DEL CORPO**	**PARTI DEL KORPO**
Ankle	Caviglia	ka**vi**lya
Appendix	Appendice	apen**ditse**
Arm	Braccio	**bra**cho
Artery	Arteria	ar**te**ria
Back	Schiena	**ski**ena
Bladder	Vescica	ve**shi**ka

Blood	Sangue	sangwe
Bone, bones	Osso, ossa	oso, osa
Breast	Seno	seno
Chest	Petto	peto
Ear	Orecchio	orekio
Elbow	Gomito	gomito
Eye, eyes	Occhio, occhi	okio, oki
Finger	Dito	dito
Foot, feet	Piede, piedi	pyede, pyedi
Gland	Ghiandola	giandola
Hand	Mano	mano
Head	Testa	testa
Hart	Cuore	kwore
Heel	Tallone	talone
Hip, hips	Fianco, fianchi	fianko, fianki
Intestine	Intestino	intestino
Joints	Giunture	junture
Kidney, kidneys	Rene, reni	rene, reni
Knee	Ginocchio	jinokio

English	Italian	
Leg	Gamba	**gamba**
Ligament	Tendine	**tendine**
Liver	Fegato	**fegato**
Lungs	Polmoni	**polmoni**
Mouth	Bocca	**boka**
Muscle	Muscolo	**muskolo**
Neck	Collo	**kolo**
Nerve, nerves	Nervo, nervi	**nervo, nervi**
Nose, palm	Naso, Palmo	**nazo palmo**
Rib	Costola	**kostola**
Shoulder	Spalla	**spala**
Skin	Pelle	**pele**
Spine	Spina dorsale	**spina dorsale**
Stomach	Stomaco	**stomako**
Throat	Gola	**gola**
Thumb	Pollice	**poliche**
Tongue	Lingua	**lingwa**
Tooth, Teeth	Dente, denti	**dente, denti**

Tonsil	Tonsilla	tonsila
Urine	Urina	urina
Vein	Vena	vena

PHARMACY / FARMACIA / FARMACHIA

English	Italian	Pronunciation
Where is the nearest pharmacy?	Dov'è la farmacia più vicina?	dove la farma**chia** pyu vi**chi**na?
Which pharmacy is on duty tonight?	Che farmacia è di turno stanotte?	ke farma**chia** e di **tur**no sta**no**te?
Have you a medicine for a headache?	Ha una medicina contro il mal di testa?	a una medi**chi**na **kon**tro il mal di **te**sta?
Toothache	Mal di denti	mal di **den**ti
Iodine, aspirin	Iodio, aspirina	**yod**yo, aspirina
Valerian drops	Gocce di valeriana	**go**che di valeriana
Antiseptic cream	Crema antisettica	**kre**ma antisetika
Hot water bottle	Bottiglia di gomma	bo**ti**lya di **go**ma
Heating pad	Un termoforo	un ter**mo**foro
Cottonwool	Cotone idrofilo	ko**to**ne idrofilo
Band-aid	Fascia	**fa**sha

Thermometer	Termometro	termometro
I need first aid	Ho bisogno di pronto soccorso	o bizonyo di pronto sokorso
What are his office hours?	Qual è il suo orario?	kwale il suo orario?

TIME / TEMPO / TEMPO

What is the time?	Che ore sono?	ke ore sono?
It is four o'clock	Sono le quattro	sono le kwatro
Five minutes past six	Le sei e cinque	le sey e chinkwe
Half past five	Le cinque e mezzo	le chinkwe e medzo
A quarter past seven	Le sette e un quarto	le sete e un kwarto
Ten minutes to eight	Le otto meno dieci	le oto meno diechi
Morning	Mattino	matino
Midday, afternoon	Mezzogiorno, pomeriggio	medzojorno, pomerijo
Evening, night	Sera, notte	sera, note
Midnight	Mezzanotte	medzanote
Yesterday	Ieri	yeri
The day before yesterday	L'altro ieri	laltro yeri

Tomorrow	Domani	domani
The day after tomorrow	Dopodomani	dopodomani
A second, hour	Un secondo, ora	un sekondo, ora
Quarter of an hour	Un quarto d'ora	un kwarto dora
Half an hour	Mezz'ora	medzora
Forty minutes	Quaranta minuti	kwaranta minuti
Day, days	Giorno, giorni	jorno, jorni
Week, weeks	Settimana, settimane	setimana, setimane
Month, months	Mese, mesi	meze, mezi
Year, years	Anno, anni	ano, ani
Period of ... years	Periodo di... anni	periodo di... ani
In a month	In un mese	in un meze
Early, I am early	Presto, sono in anticipo	presto, sono in antichipo
Late, I am late	Tardi, sono in ritardo	tardi, sono in ritardo

DAYS	**I GIORNI**	**I JORNI**
OF THE WEEK	**DELLA SETTIMANA**	**DELA SETIMANA**
Sunday, Monday	Domenica, Lunedì	domenika, lunedi
Tuesday, Wednesday	Martedi, Mercoledì	martedi, merkoledi
Thursday, Friday	Giovedi, Venerdì	jovedi, venerdi
Saturday	Sabato	sabato

MONTHS	**I MESI**	**I MEZI**
January, February	Gennaio, Febbraio	jenayo, febrayo
March, April	Marzo, Aprile	**mart**so, aprile
May, June	Maggio, Giugno	**ma**jo, **jun**yo
July, August	Luglio, Agosto	**lul**yo, **a**gosto
September, October	Settembre, Ottobre	setembre, otobre
November, December	Novembre, Dicembre	nove**m**bre, di**chem**bre

SEASONS	**LE STAGIONI**	**LE STAJONI**
Spring, Summer	Primavera, estate	primavera, estate
Autumn, Winter	Autunno, inverno	autuno, inverno

NUMBERS	NUMERI	NUMERI
One	Uno	**uno**
Two	Due	**due**
Three	Tre	trey
Four	Quattro	**kwat**ro
Five	Cinque	**chink**we
Six	Sei	sey
Seven	Sette	**sete**
Eight	Otto	**ot**o
Nine	Nove	**nov**e
Ten	Dieci	diechi
Eleven	Undici	**un**dichi
Twelve	Dodici	**do**dichi
Thirteen	Tredici	**tre**dichi
Fourteen	Quattordici	kwa**tor**dichi
Fifteen	Quindici	**kwin**dichi
Sixteen	Sedici	sedichi
Seventeen	Diciassette	dichasete
Eighteen	Diciotto	di**cho**to

Nineteen	Diciannove	dichanove
Twenty	Venti	venti
Twenty-one	Ventuno	ventuno
Twenty-two	Ventidue	ventidue
Thirty	Trenta	trenta
Forty	Quaranta	kwaranta
Fifty	Cinquanta	chinkwanta
Sixty	Sessanta	sesanta
Seventy	Settanta	setanta
Eighty	Ottanta	otanta
Ninety	Novanta	novanta
One hundred	Cento	chento
One hundred and one	Cento e uno	chento e uno
Two hundred	Duecento	duechento
One thousand	Mille	mile
One thousand and one	Mille e uno	mile e uno
Two thousand	Duemila	duemila
Two thousand and one	Duemila e uno	duemila e uno
One million, one billion	Un milione, un miliardo	un milyone, un milyardo

EMERGENCY EXPRESSIONS	ESPRESSIONI DI EMERGENZA	ESPRESYONI DI EMERJENTSA
Help!	Aiuto!	a**yu**to!
Stop, thief!	Al ladro!	al **la**dro!
Don't touch me!	Non toccarmi!	non to**kar**mi!
Leave me alone!	Lasciami!	**la**shami!
Call the police!	Chiama la polizia!	**kia**ma la poli**tsi**a!
I've lost my way.	Ho sbagliato strada.	o zba**lya**to **stra**da.
How do I get to this address?	Come posso arrivare a questo indirizzo?	**ko**me **po**so ari**va**re a **kwes**to indi**ri**tso?
I don't feel well.	Mi sento male	mi **sen**to **ma**le
Call a doctor!	Chiama un medico!	**kia**ma un **me**diko!
Call an ambulance!	Chiama un' ambulanza!	**kia**ma un ambu**lan**tsa!
Take me to a first-aid station.	Mi porti al pronto soccorso!	mi **por**ti al **pron**to so**kor**so
Take me to the hospital.	Mi porti all'ospedala!	mi **por**ti alospe**da**la!
Take me to a doctor.	Mi porti de un medico!	mi **por**ti de un **me**diko!